AF607306
AVERSO

TUVE UN AMOR BELLO Y OSCURO

Leira Araújo-Nieto

Número 35 de la Colección **PERVERSA**

Tuve un amor bello y oscuro

Edición al cuidado de Averso Poesía
www.aversopoesia.com

Primera edición: mayo de 2024
ISBN: 978-84-10027-38-1
Depósito Legal: GR 718-2024

Impreso en España - *Printed in Spain*

El papel utilizado para la impresión de este libro está calificado como papel ecológico y procede de bosques gestionados de manera sostenible.

TUVE UN AMOR BELLO Y OSCURO

Leira Araújo-Nieto

Premio Internacional de Poesía de Montejícar 2024

Yo me someteré al amor,
aunque me destroce el pecho con sus saetas
y sacuda sobre mí sus antorchas encendidas.
OVIDIO

ARS AMATORIA I

TUVE UN AMOR BELLO Y OSCURO
que imitaba en su rostro
la sonrisa de los ángeles
que juntaba en sus manos
corcheas y fusas
que soñaba con viajar
en un barco hasta Galicia
un mundo lleno de miseria y dolor.

A ese amor le dedico mi pasado
porque levita en sueños
a través de la desdicha
y transita entre las nubes
como símbolo del fracaso
y se acuesta bajo tierra
para sentir el paso del tiempo.

El mal lo acecha
y lleva su sombra.
Una pierna con poliomielitis
la espalda curva cegadora
los ojos curtidos en vinagre
el pelo abrazando los tobillos.

Aquel amor bello y oscuro
me atrapa como un canto de sirena,
agota la marea
sobre la que navega mi futuro,
lanza improperios
y maldice mi sino.

Por él me taparé los oídos
me coseré los labios
jugaré al horizontal
con el bisturí
y rezaré para que mis ojos
no amanezcan ahogados
en su ancho mar:
el desconsuelo.

PARA QUÉ AMAR
si no es para quemarse,
para escribir en sangre y fango
tu nombre,
su nombre.
El recuento de todas las coincidencias.

Para qué amar
si no es para sentarse bajo el olivo
a pensar en su rostro
y en todas sus aristas.
En lo alto de la noche
quemar todas las antorchas,
amenazar a la hoguera,
desafiar al fuego.
El idioma universal de los aplausos.

Para qué amar
si no es para sentirse
un extraño en el mundo,
un ser desprovisto de gracia,
una mano sin líneas en la palma.
Eterno órgano ensombrecido.

Para qué amar
si no hay dilema.
Para qué.

LAS SANGUIJUELAS SON HERMAFRODITAS
como tú y como yo.
El conde de Lautréamont era decadente
como tú y como yo,
Hildegarda de Bingen era mística
como tú y como yo.

Pero no hay criatura ni persona
que pueda imitarnos cuando
vamos, tomados de la mano,
en lo alto de la noche por la calle de San Andrés,
zigzagueando,
en medio de la muchedumbre enloquecida,
intentando no mirarnos
para no sentir.

TE DI MI AMOR
como una ola
como una bola de fuego
como un petardo que no quiere morir.

Tú me diste el silencio
la severidad de la noche
la ausencia de sueño
y el mal dormir.

Tristeza leve la que condiciona mis pasos
y que me lleva nuevamente hasta ti
hacia tu campo de árboles estrellados
donde mi amor es solo una mercancía.

Sé que tú me darás el verso final
el contrapunto
de esa extraña sinfonía
que aturde a los enamorados.

ARS AMATORIA II

MALASAÑA

Entre tu piso y yo no hay muchas diferencias.
Pequeño como una caja
se da abasto para contenerte.
En él reposan tus libros,
decenas de frascos con especias,
ínfimas rarezas que sostienen tu mundo
y despistan de tu pasado.

Yo, por mi parte,
tan pequeña como una caja,
doy tumbos por la calle intentando leerte
y, en mi fragilidad,
hago esfuerzos para contenerte,
para retenerte,
para no permitir el más ligero derrame.

Tu piso no tiene luz natural,
yo no puedo tomar el sol.
Es un hoyo negro que me absorbe
cada vez que te visito.
Es una manta larga con la que me arropo
cuando confundo el dolor con hipotermia.

En tu piso he dejado el limpiador de la cara.
Allí están mis horas felices.
Y también las dolorosas.
Allí está el recuerdo de la noche en la que abriste
mi boca con dos dedos

y me drogaste
con tu puro olor a hembra.

Tu piso y yo
somos dos extraños en los que habitas.
Nos agotamos de ti.
Nos alimentamos de ti.
Los dos te necesitamos.

LA IDIOTA

Hoy
mientras todo el mundo
me habla de esa claridad
que otorga el desapego
solo pienso en refugiarme
en las cavidades de tu cuerpo
en recluirme
en la aldea de tus llagas
en beber de todas tus fuentes
en comer de toda tu fauna.

Yo que por ti me volví marxista
vegana
y un poco idiota
no puedo esperar
para caer nuevamente
en la estrechez agónica
de tu placer.

NINFAS

Un ramo de alelíes
cae sobre tus hombros
tus clavículas
premian la mirada.
Estamos vestidas de tul
y organza
me das tu mano
y la envuelvo en la mía.

Bailamos todas las canciones felices.
Brindamos por ti
porque eres suave
como el algodón de la mañana
y nos alegramos
porque eres dulce
como la miel que baña las almendras.

Nos besamos
en el rincón más oscuro de la fiesta.
Escucho vidrios rotos.
Miras hacia una esquina y entonces veo
que el rímel ha manchado tu cara.

Un abrazo me reconcilia con tu cuerpo
y aspiro tu olor por última vez.
Siempre es el mismo padecer.
Qué inútil despertarse.

LA DESPEDIDA

Me he reconciliado con mi olor.
Tras semanas de vivir bajo tu falda
al sentir el calor del sol,
he recordado mis mejillas.

Tú en el agua y yo en el aire,
es el estado natural de las cosas
porque no hay origen sin naufragio,
ni crimen sin víctimas.

Querida mía,
mientras permanezcas hundida,
tuyo será mi lamento
y grande será mi desdicha.

Amada mía,
ya no tengo voz,
pero puedo cantar en sueños
todos tus adioses.

Esta no es la broma de siempre
porque hoy has sangrado
y con la sal en la herida
has venido hasta mí.

Me has echado la culpa.
Has cavado una zanja
para nuestros cuerpos.

Quisiera consolarte,
pero no tengo más que un abrazo
y palabras de amor.
Nada que realmente te sirva.

No podremos volver a vernos,
pero siempre pensaré en ti
porque sé que cuando todo pase
ya no podré amar
a nadie tan bello,
a nadie tan grande,
a nadie tan envuelto en soledad.
Nadie podrá albergar en su mano el misterio.

Yo soy humana,
me limitan los milagros,
no merezco la sombra de tu sombra,
no merezco la pena de tu pena.

Yo soy caníbal,
estoy acostumbrada a lacerarme.
Debí escucharte desde el principio:
yo solo fui un accidente.

AGUA ESTANCADA

AQUELLOS MESES EN PAMPLONA

Me pregunto qué habrá pasado con todos los calcetines que se cayeron al tenderse cuando vivía en el octavo piso de aquel edificio gris de Barañaín.

Tal vez los perdí distraída por el cielo blanco, envuelto en espuma de niebla, pensando de qué manera, de qué forma y bajo qué circunstancias mi corazón se había quedado reducido a un cúmulo de hollín.

Solía lavar la ropa dos veces a la semana.

A veces, cuando nadie me veía, me apoyaba sobre la lavadora para sentir que alguien me golpeaba los brazos.

Tenía a mi hermana enferma en una habitación, así que lloraba en el balcón para no preocuparla. Me sabía el nombre de todos mis vecinos.

Me gustaba mirar y grabar mentalmente el perfil montañoso de Pamplona.

Cuando uno de los árboles de la acera de enfrente se dobló, en medio de una tormenta, desnudó un interior roto, marrón y lastimado.

Me refugié en la idea de que, finalmente, alguien me entendía.

Y con el paso del tiempo, me di cuenta de que, aun sin haber contado nuestra historia, todos la sabían.

Todos los perros que aullaban en la noche me consentían el llanto.

Todas las señoras que me veían en la farmacia me acariciaban el hombro.

Mi jefe evitaba preguntarme detalles sobre Madrid.

Mi padre, por videollamada, me distraía con las noticias de su vida de exiliado.

Mi madre —en sueños— se negaba a aparecer.

El universo entero me facilitaba la agonía.

Aquellos meses en Pamplona fueron la cura momentánea de un amor enfermo.

¿Qué puedo hacer yo para evitar una recaída?

CONSTRUCCIONES

Alzó en el balcón cuatro paredes sólidas,
ladrillo con ladrillo en un diseño mágico,
sus ojos embotados de silencio y lágrimas.
CHICO BUARQUE

Desde el momento en que salí por la boca de metro supe que algo no estaba bien.

Mi cuerpo temblaba, así que pensé que escuchar la voz de Chico Buarque me ayudaría a deslizarme hacia tu casa sin el ruido de los cuerpos tropezando bajo el semáforo gritando en rojo.

En la esquina, una construcción me saludaba con sus manos repletas de piedrecillas.

Una leve lluvia nos bañó a todos de repente.

No era un sueño, pero tampoco era una pesadilla.

La gente exclamó «¡ah!» al mismo tiempo, y empecé a reírme aunque estaba manchada de tristeza.

De pronto, recordé que tenía que pasar por la farmacia, si no lo hacía no podría verte hasta caer en el fondo de tu boca.

Cada parte de ti es como una aurora, como una hierba silvestre de la que nacen todos los deseos de los hombres.

Yo no soy un hombre, pero te quiero como uno, por eso tropiezo en todas las aceras de tu barrio.

Me perdí y revisé la dirección nuevamente.

Estuve a punto de desmayarme, así que tuve que apoyarme en una pared que suelen fotografiar todos los turistas porque está llena de ojos.

Me arranqué de golpe los audífonos y decidí llamarte para aclararme.

Allí empezó todo.

Murió a contramano entorpeciendo el sábado.

PANDEMIA

Te gustaba Ezra Furman por razones estéticas, a mí por razones artísticas.

El coronavirus nos tenía a todos anestesiados de emociones en casa, pero Ezra estaba transmitiendo un video en vivo por Instagram.

Me resulta inevitable pensarte. 17:26 del 19 de marzo.

He enviado un correo diciendo que admito el ERTE de mi trabajo. Me da todo igual.

Hago ejercicio para forzarme a lavarme el pelo, me ensucio el pelo para obligarme a hacer ejercicio.

Estoy tristísima.

Veo tu rostro en una historia y quiero retenerlo, materializarlo aquí, junto a mi cama.

Quiero olerte la nuca y pretender que somos *geishas*, movernos hacia tu sofá mugriento, lleno de manchas dudosas, quejarnos de que nos duele la espalda.

¿Por qué no llamas de una vez? Nunca lo has hecho, deberías probar algo nuevo cada día.

Deberías intentar amarme como se debe.

El farmacéutico me sugiere que me tome la pastilla temprano para no levantarme de madrugada porque dice que siempre es mejor tener horario de humano.

¿Le digo yo o le dices tú la hora a la que sueles dormirte?

Todos tus actos vampíricos me fascinan, ni siquiera por eso puedo odiarte.

Mi amiga Marta me llama y me pone un mote: «Gótica *in disguise*», y me cuenta que Mary Shelley mandó a disecar el corazón de su marido para llevarlo siempre con ella.

Yo no he disecado tu corazón, no lo tengo al alcance, pero si me llamas podría grabar tu voz para escucharla una y otra y otra vez hasta disecarme y estar contigo en ese lugar donde rondan los imposibles.

UN DÍA

He visto la nieve colarse por la ventana,
convertirse en baba antes de llegar a la alfombra.
He sentido el frío del norte
caminando con los pies atrapados en botas militares.
He esperado un bus por haber perdido el anterior,
pensando en tantas cosas, pensando en ti.
He jugado con los gorriones
que desafiaban el toque de queda.
He caminado tres cuadras llorando
evitando resbalar bajo la lluvia.
He visto cambiar la marquesina del Corte Inglés
sin saber en qué estación estamos.
He escuchado la risa de mi vecino
porque su hijo ha aprendido a hablar.
Me he pintado el pelo de rubio,
me ha quedado fatal.
Como ya no tengo madre,
he llamado a mi hermana,
le he contado lo del pelo,
y ha hecho que me lo corte.
Y todo esto que he hecho,
lo he hecho para evadirme,
para olvidar que no me contestas,
que no me diriges la palabra.
El mundo sigue, eso ya lo sé,
pero tanto mundo no me hace falta
cuando me haces falta tú.

OBJECTS IN THE MIRROR ARE CLOSER THAN THEY APPEAR

Nunca nos subimos juntos en un coche, a pesar de haber recorrido muchas distancias.

Nunca escribimos esa obra de teatro de la que tanto hablamos.

Dejamos nuestras novelas a mitad de revisión.

Nuestros signos son incompatibles, pero todas las mañanas leo tu horóscopo.

Aún te irritas cuando alguien menciona mi nombre.

Aún lloro cuando recuerdo que no puedo salvarte.

QUISIERA

Quisiera que todo lo que ha sido creado en el mundo
fuese reemplazado por una palabra de tu boca.

Quisiera haber jurado en el templo de Diana
por una eternidad en la que ambos,
como los adultos funcionales que no somos,
permaneciésemos juntos.

Quisiera que una de esas luces
que alumbran la ciudad
fuese la de tu habitación a las cuatro de la mañana.
Otra hora sería deficiente.

Quisiera que el resto de mis noches
tuviesen como escenario un piso de interior
en el que levitan al mismo tiempo
dos libros de Maggie Nelson
y un labial del Mercadona.

Quisiera haberte dicho que te amaba
la primera vez que trasnoché contigo
en lugar de hablarte de mis otros amantes
y de lo difícil de entablar una relación
en medio del caos de los sentimientos
de pertenencia y abandono
que ambos arrastramos desde la infancia.

Quisiera no haberme trasladado
tan lejos de tus pies aterrados,
tan lejos de tu mirada inconclusa,
tan lejos de tus enigmas de niño roto.

Quisiera no haber trascendido.

QUÉ LINDA NOS QUEDÓ LA NOCHE

La calle está vacía.
Las luces de la noche aparecen justo cuando tú,
espejismo, voz ausente, luna, media luna,
reina de la noche,
me sonríes hasta hacerme sangrar.
Entre las escápulas de la herida
brotan los silencios.
El humo huye de las chimeneas.
Venus reposa sobre la menguante,
y yo quisiera ser como ella,
de vientre plano, y más que plano,
cóncavo,
para abrazarte, protegerte y recordarnos.
A veces me entretengo
con la idea de que, si de Venus cayese un guijarro,
la luna lo guardaría en su pecho
para probar que allí hubo algo.
Un *souvenir*.

Yo no tengo nada tuyo,
no hay reminiscencias
ni vestigios del amor.
Ni del dolor,
no hay vestigio de nada.
Ya ves qué inútil es el lenguaje,
nuestro idilio atravesado por el lenguaje.

¿Fue real o fue un constructo?
¿Fue un lugar o un no-lugar?
¿Soy profunda y por eso me quieres?
¿Soy o me vuelvo profunda?

VERBOS SIN CONJUGARSE

L'AMOUR FOU

L'amour fou, me repite.
L'amour fou se repite solo.
L'amour fou, dice una voz extranjera.
«El amor fue», le respondo.
No digas que el miedo no es como la sangre.
El miedo es líquido, se riega por el cuerpo
y de él nacen las plantas que vomitan savia.
El miedo es caliente y reposa en las cabezas
de todos los niños que huyen de la fiebre.
Tú eras una niña que enfermaba siempre,
tus huesos se rompían con la fragilidad de una paloma.
En la blanda noche te dieron a beber sangre de caballo
y tomaste la vida de otra especie
conservando el terror en la mirada ciega.

Cada vez que sostengo tu cabeza en la madrugada
pienso en tu sangre y me siento atada a ese brío
y a ese cinto que escondes en el armario.

Nunca supe ver las señales.
Nunca supe descifrar los gritos
ni las marcas en las muñecas ajenas.
Te pido perdón por mis hemorragias.
Te pido perdón por aquel debate lacaniano
que hizo que todas las tropillas de tu cuerpo
cayesen una tras otra en ese invierno breve.

Te pido perdón por no saber cuidar de ti
y por olvidar que fui madre
antes de ser persona, antes de ser mujer.
Antes de ser tu amante.

La paradoja del momento es la siguiente:
si me muevo hacia la izquierda,
tropiezo contra el marco de tu pintura favorita.
Si me muevo hacia la derecha,
no solo me enfrento a mi ideología,
también chocaré con el colchón
que ocupan tus libros.
No doy un solo paso en la oscuridad desafiante.
Extraordinaria luz silenciada.
Me quedo estática, como la mujer
    que verdaderamente amas.
Soy un figurín
intoxicado por la flaquirexia.

Tengo sal en las costillas,
pero me resisto a llorar
y a ovillarme en el suelo.
La tortura es la nueva forma de diálogo.
Tengo marcas en todo el cuerpo.
Mi piel se deshoja en la espera del tacto.

OBLACIONES PARA LA CREACIÓN DE UN ESTADO

Todas las sedas de China y las piedras preciosas de Irán
cubrirán tu frente, mi amor.

Todo el coral de Australia, la brisa de Chile,
los peces del norte de España,
te saludarán.

Todos los soles de enero y las lluvias de marzo
entrarán en tu piel, honrándote.

Todo lo inaccesible para los humanos,
la eterna felicidad, la blanca melancolía,
serán tu bandera y mi casa.

En esa patria viva e imaginaria,
libre de dogma y ferviente de espíritu,
haré un marco teórico para tu vida libre,
crearé refugios para tu paso breve.

Rey del Continente Progresista,
del universo saturado de belleza,
te lo doy todo, no te pido nada,
te lo doy todo, no te pido ofrenda.

Más bien, me ofrendo,
incluso en esos hoyos de anarquía
en los que reposa tu vientre.

Presidente del Estado de lo Inverso
manifiesto que hoy, sin himno y con rima,
me declaro víctima inconstitucional
de la utopía de un nosotros.

BIENVENIDO SEA EL SILENCIO

«Hasta los 18 años fui feliz»,
dijo mi abuela al despedirse.
«Me estoy convirtiendo en un puto abismo»,
dijo mi amiga Marta, llorando.
«Toda esta situación es tétrica»,
dijo mi hermana, al regresar de su quimio.

Todas las palabras de los otros se parecen a las tuyas.
Todo el vocabulario trágico te pertenece.
Tal vez por eso,
porque ya no quieres lastimarme,
me has legado la ausencia del sonido.
Tal vez por eso,
el silencio es tu única respuesta.

En el vientre mismo de la existencia
hallo la única verdad de tu enigma.
Este paréntesis de significado
es el vacío de tus sentimientos.
Es la realidad, pisándome los talones.

ÍNDICE

ARS AMATORIA I

ARS AMATORIA II

AGUA ESTANCADA

VERBOS SIN CONJUGARSE

Este libro se terminó de editar en Granada
en mayo de 2024 por

www.aversopoesia.com
hola@aversopoesia.com